NOUVELLE

MÉTHODE DE LECTURE

EN

SEPT LEÇONS

A L'USAGE

DES ADULTES, DES ÉCOLES PRIMAIRES ET DES SALLES D'ASILE

Reproduisant en entier la Méthode en Tableaux

PAR

J. FOURCADE.

NOUVELLE EDITION.

SE VEND :

A **Riguepeu** (Gers), chez l'Auteur.
A **Auch**, chez M. Chanche, libraire, rue de la Préfecture.

1866

NOUVELLE
MÉTHODE DE LECTURE
EN
SEPT LEÇONS

A L'USAGE

DES ADULTES, DES ÉCOLES PRIMAIRES ET DES SALLES D'ASILE

Reproduisant en entier la Méthode en Tableaux

PAR

J. FOURCADE.

NOUVELLE EDITION.

SE VEND :

A **Riguepeu** (Gers), chez l'AUTEUR.
A **Auch**, chez M. CHANCHE, libraire, rue de la Préfecture.

1866

Toulouse. — Imp. L. Hébrail, Durand et Comp.

1re LEÇON.

On aura le soin d'apprendre d'abord aux élèves les sons **a**, **e**, **i**, etc., et ensuite les articulations **b**, **c**, **d**, **f**, etc., en donnant à ces dernières lettres la prononciation **be**, **que**, **de**, **fe**, etc. On s'assurera ensuite, dans le 1er Exercice de la 2me Leçon en montrant indistinctement un son ou une articulation, si les élèves possèdent parfaitement la connaissance des lettres.

SONS OU VOYELLES.

Minuscules	a	e	é	è	i	y	o	u
Majuscules	A	E	É	È	I	Y	O	U

ARTICULATIONS OU CONSONNES.

Minuscules	b	c	d	f	g	h	
Majuscules	B	C	D	F	G	H	
Minuscules	j	k	l	m	n	p	
Majuscules	J	K	L	M	N	P	
Minuscules	q	r	s	t	v	x	z
Majuscules	Q	R	S	T	V	X	Z

2me LEÇON.

Après la connaissance des lettres, on procèdera à la lecture du 1er Exercice par épellation, ainsi qu'il suit : **l.a-la, m.e-me=lame; m.è-mè, r.e-re=mère; s.a-sa, t.u-tu, r.é-ré=saturé**, etc. On fera épeler le 2e Exercice de la même façon ; on en répètera les mots par syllabes, puis, sans pause.

1er EXERCICE.

SONS ET ARTICULATIONS SÉPARÉS.

l.a-m.e	g.a-l.a	o.r
o.s	c.u-b.e	v.é-r.i-t.é
s.a-t.u-r.é	v.a-n.i-t.é	y-o-l.e
l.u-tt.e	o.r-g.a-n.e	c.o-l.è-r.e
k.i-l.o	i.f	m.è-r.e
d.u-r.e-t.é	g.a-z.e	a.r-d.u

---

a-bb.é	h.o-tt.e	d.i-è-t.e
u-n.i	n.o-m.a-d.e	i.l
i-o-d.e	m.o-d.è-l.e	t.o-p.a-z.e
n.a-pp.e	m.o-d.e	l.u-x.e
b.o-x.e	o.c-t.a-v.e	s.o-f.a
f.i-n.i	p.a-t.è-n.e	a.s

2me EXERCICE.

SONS ET ARTICULATIONS RÉUNIS EN SYLLABES.

no té	pa ro le	mi nu te
ty pe	ly re	ca ve
ga ba re	di a ne	zé ro
mû re	so mme	ga re
po mme	py lo re	ba ttu
co mmè re	é té	sa ti re
pi é té	sa la de	ar me
vo lu me	ra re té	a rê te

---

ac te	or do	fi gu re
su i te	na vi re	bi è re
pi tu i te	bar be	suc
ca nal	fa cul té	tor tu re
vis	or ni è re	car
cul tu re	or me	pur ga tif
gar de	cor de	li me

3me EXERCICE.

PREMIÈRE RÉCAPITULATION SYLLABIQUE DES DEUX PREMIERS EXERCICES.

Phrases.

La ro be de ma mè re, la di è te du ma la de, la pi lu le a mè re, u ne bu lle pa pa le, le ca nif de l'é lè ve, la vi lle de Bâ le, u ne mâ tu re de na vi re, A dè le se ra pu ni e de sa cu pi di té, la la ca pi ta le de la Ru ssi e, u ne fi gu re sé vè re, l'i do le de ma mè re, la lu ne a pâ li, la tu i le du ca nal, la cor de du sac, le vo lu me se ra lu, u ne lar me fur ti ve, u ne sa lle vas te.

DEUXIÈME RÉCAPITUEATION.

Autres phrases.

Caroline a fini sa robe. La patène du curé. La piété filiale. Sa mère a donné le gala. Garde l'arête du cube. Une pomme gâtée. Ta parole rude. La farine sera rare. Une salade amère. La fiole a été égarée. Il te donnera sa carte. Une gabare a porté l'alarme. Sa rime a été bonne. Une forte somme.

3me LEÇON.

On enseignera d'abord les sons **ou, an, in,** etc., et les articulations **ch, gn, ill,** en s'assurant, dans le 1er Exercice, si les élèves les savent, en montrant indistinctement un son ou une articulation. Après ce premier procédé, on fera épeler de la manière suivante : **b.ou-bou, d.in-din=boudin; p.om-pom, p.e-pe=pompe; ch.i-chi, gn.on-gnon =chignon.** On continuera ainsi dans le 2e Exercice, on en répètera les mots par syllabes, puis, sans pause.

SONS COMPOSÉS ET SONS NASAUX.

ou	**an**	**in**	**on**	**un**	**eu**	**oi**
our	**am**	**im**	**om**	**um**	**œu**	**oir**
	em	**ym**	»	»	**œur**	»
	en	**yn**	»	»	**eur**	»

aim, ain, ein

ARTICULATIONS COMPOSÉES.

ch gn ill

1er EXERCICE.

SONS ET ARTICULATIONS DE LA LEÇON SÉPARÉS.

b. ou-d. in	m. an-ch. on	l. oi
p. en-si-on	ch. a-c. un	t. em-pe
l. im-be	s. ein	ca-ba-n. on
c. on-si-gn. e	f. aim	c. œur
p. our	p. ain	m. ou-t. on

t. our	m. ain	t. ym-p. an
b. am-b. in	va-l. eur	c. ou
l. un-di	t. oi-le	ca-mi-on
p. om-pe	v. œu	p. eu

2e EXERCICE.

SONS ET ARTICULATIONS RÉUNIS EN SYLLABES.

jam bon	chi gnon	ba ta illa
u ni on	pour tour	so len ni té
bam bou	co con	bain
sein	sa veur	sœur
com te	ven te	ha che

hon te	pa ille	ga gna
char	bour don	in si gne

œuf ty ran pa roi
a veu im pa sse pa ten te
cou leur pein tu re fein te

3me EXERCICE.

Phrases.

Le mou ton de ma tan te sera ven du. Lun di
ıa sœur ira à la foi re. Le la bou reur a démoli
on caba non. Donne à ton père un bain tiède.
élève a lu une li gne tout en tière. Son ba ta illon
ar tira de main. La tâ che te sera con fi é e. La
ein ture cou le. La tein ture colore. Mon vi gne ron
a ille la vi gne. Une po che du pan ta lon. Ton bon
apa cou pera la pa ille. Con ten te-toi de peu. Un
ilo de pain a a ssou vi sa faim. La ha che du
û che ron a cou pé le chê ne. Ma sœur de man de
u co ton. La toi le a été dé chi ré e. Ton jar din a
ne for te va leur.

4me LEÇON.

Le Maître enseignera d'abord aux élèves les articulations composées **bl, vr, dr, st,** etc., en leur donnant la prononciation **beuleu, veureu, deureu, seuteu,** etc., puis les sons composés **eb, ec, ed, el,** etc., en les faisant prononcer **èbe, èque, ède, èle,** etc. Il fera lire les mêmes sons et les mêmes articulations dans le 1er Exercice, et fera épeler de la manière suivante : **pl.an-plan, ch.e-che=planche; c.a-ca, bl.e-ble=cable,** etc. On fera épeler le 2e Exercice de même, on en répètera les mots par syllabes, et enfin sans pause.

ARTICULATIONS COMPOSÉES.

bl	**cl**	**pl**	**gl**	**fl**	**sc**	**st**	**sp**
br	**cr**	**pr**	**gr**	**fr**	**dr**	**vr**	**tr**

SONS COMPOSÉS.

eb **ec** **ed** **ep** **el** **ef** **eg**

es **et** **ex** **est**

1er EXERCICE.

SONS ET ARTICULATIONS DE LA LEÇON SÉPARÉS.

pl. an-che	ch. ef	fl. eg-me
fi-el	gr. a-mme	ex-pi-ré
dr. a-me	br. u-me	r. us-tr. e
gl. oi-re	t. es	in-té-r. êt

cr. i-bl. e	ex-em-pl. e	br. o-che
ca-bl. e	ob-j. et	m. es
n. ou-v. el-le	fl. a-con	si-nis-tr. e
gl. an-de	b. el	é-ch. ec
ch. an-tr. e	st. è-re	l. es

2me EXERCICE.

MOTS SÉPARÉS EN SYLLABES.

Ca leb	ef fet	pro têt
droi tu re	jet	Jo el
ta ble	stè re	tra va illeur
bref	é chec	pro ra ta
di rec teur	cru che	glo bu le

---

il est	plu me	frè re
trou pe	en cre	an tre
ti tre	com plet	vi vre
va let	pla ti ne	cra tè re
chi ffre	pein tre	ven dre

3me EXERCICE.

Phrases.

Le coupa ble sera châtié. La pri ère élève le

cœur à Dieu. No tre con trée a été dé vas té e par la grê le. Le bec de gaz brû le dans la chambre. Prê te ton li vre à mon frè re. La campagne o ffre un bel as pect. Vo tre frè re taille sa plu me. Son cri me sera sévère ment puni. Le tra jet sera péni ble. No tre abonné est parti lundi. Sa santé a été déla bré e. Le prê tre dira la mes se. Son patri moine sera vendu. Contemple l'or dre de la nature. Le rep tile rampe sur le ven tre. La clo che donne le toc sin.

5me LEÇON.

SONS ET ARTICULATIONS SÉPARÉS ÉQUIVALENTS.

On aura soin de faire répéter ces mêmes sons et ces mêmes articulations dans l'Exercice suivant, et on fera épeler ensuite de la même manière que pour les leçons précédentes.

(1) Faites remarquer que **er**, placé à la fin d'un mot, a presque toujours le son de é ; partout ailleurs on prononce ce son **er**.

1er EXERCICE.

SONS ET ARTICULATIONS DE LA LEÇON SÉPARÉS.

v. ei-ne	f. ai-re	u-ni-qu. e
p. ei-ne	n. ez	par-fu-m. er
sa-ri-gu. e	com-bi-n. er	fa-ti-gu. a
gu. et	chan-t. ez	ba-t. eau

---

re-tr. ai-te	mé-tri-qu. e	é-t. au
gu. i-de	co-qu. e	es-poir
ph. a-re	pra-ti-qu. e	pl. ai-ne
por-ti-qu. e	qu. ê-te	é-pi-ta-ph. e

2me EXERCICE.

ca ta lo gue	par te nai re	en sei gne
man teau	pau vre té	lo ca tai re
ba lai	pa raî tre	an ti que
Sei ne	plai ne	pla teau
fi gue	co mi que	sa ni tai re
ba lei ne	pau vre	in tri gue
cha peau	seau	rei ne
pro tes ter	pho que	pei ne
lan gue	tai re	sa lai re

3me EXERCICE.

Phrases.

Chante le can ti que que la sœur Pau line t'a en sei gné. Remar quez le triom phe du guer ri er. Con ser ve la beau té de l'âme. Il vendra sa propri été à un bon ac qué reur. J'ai été spec ta teur d'une ter rible catas tro phe. Une étude litté rai re. Le pau vre sol dat ne peut guè re se garantir du boulet qui tombe dans la tranché e. Le charpenti er au ra fini demain la toiture. Une bonne lecture nourrit l'es prit. Ai de-toi, Dieu t'ai dera. Votre fabri que demande un bon contre-maî tre. Le chapeli er a porté mon cha peau. Commande à ta lan gue de se tai re. La fi gue sera mûre.

6me LEÇON.

CHANGEMENT DE PRONONCIATION DE CERTAINES LETTRES.

c prononcez **s** devant **e, i**	**c.e-c.i, c.et-te**
g prononcez **j** devant **e, i**	**g.î-te, g.e-nou**
ç prononcez **s** devant **a, o, u**	**ma-ç.on, dé-çu, pla-ç.a**
ti prononcez **si** devant **on, al, el**	**ac-ti-on, par-ti-el, mar-ti-al**
s prononcez **z** entre deux sons.	**de-vi-s.e, toi-s.on**

On fera épeler l'Exercice suivant comme il suit : **c.é-cé, c.i-ci, t.é-té=cécité; c.et-cet, t.e-te=cette**, etc.; on continuera de même dans le deuxième, puis on en fera la lecture comme ci-dessus.

1er EXERCICE.

c.é-c.i-té	au-da-c.e	c.et-te
g.é-né-ral	g.i-ra-fe	a-g.i-le
su-ç.a	dé-ç.u	ran-ç.on
po-ti-on	mar-ti-al	i-nac-ti-on
ai-s.an-c.e	fré-né-s.ie	de-vi-s.e

2me EXERCICE.

ce ci	cer ceau	ci ga le	ci ter ne
ger me	lé gen de	é chan ge	lon gi tu de
pla ça	a van ça	ma çon	con çu
par ti el	na ti on	ac ti on	ra ti on
ce ri se	nu i si ble	poi son	cou sin

Phrases.

Ce gé néral a livré une grande bataille : tout le monde admire son coura ge et son auda ce. Cet te femme se trouve dans la complè te cé ci té. Pla ce ton livre dans le carton de ton cou sin. Le ma çon a bâti le mur de la gran ge. Tout pour soi : voilà la devi se de l'égo ïs te. Cet ouvrier a re çu son salaire. La cho se que vous venez de faire pourra vous être nui si ble. L'ac te d'accu sa ti on a été lu par le ju ge. La fraude de la mar chan de a dé terminé la jus ti ce à la punir. Le malade prendra la po ti on chaque matin jus qu'à complè te guéri son. Ré ci te-moi la jolie fable intitu lé e la ci gale et la fourmi. La reli gi on est la consolatri ce des affligés. L'Evan gi le est la parole de Dieu.

7me LEÇON.

en prononcez **in** après un **i**, ce son finissant généralement le mot.	bi.en si.en ri.en
oin prononcez **o-in** comme dans.	f.oin c.oin p.oin-te
il prononcez **ill** après **a, e, u**	ra.il vi.eil seu.il

moy en roy au me noy é loy al pay é

Prononcez : *moi-i-in roi-i-o-me noi-i-é loi-i-al pai-i-é*

EXERCICE.

bi en	ti en	li en	sou ti en
si en	en tre ti en	gar di en	ri en
com bi en	mi en	l o in	so in
p oint	f oin	c oin	j oin dre
p oin te	ba il	ra il	tra va il
pa re il	ver me il	deu il	seu il

Phrases.

Le bi en mal ac quis ne profite guère. Tu sera*s* le souti en de te*s* vieu*x* paren*ts*. Notre bon ange intercède pour nou*s* auprè*s* de Dieu. Vou*s* serez pay é de votre peine. Cher chez un moy en pour combler cette lacune. A com bien vou*s* revi en*t* cha-que anné*e* l'entreti en de votre cheval? Le palai*s* roy al a été envahi par la foule. Porte le moy eu au charron, il en corrigera la faute. Ne néglige*s* pa*s* le*s* soin*s* que ton père te réclame. Non lo in du co in du jardin se trouve le fo in que tu doi*s* porter; ramasse-le avec so in. Ce ra il a été déplacé par la locomotive. Votre ba il finira au moi*s* de septembre. Ouvre le porta il pour faire entrer la voiture. La misère frappe à la porte de celui qui n'aime pas le trava il. Mon locataire a pay é son loy er.

LECTURE COURANTE

1er EXERCICE RÉCAPITULATIF

Divisé en syllabes.

Dans cet exercice et les suivants, on fera remarquer aux élèves, que les lettres écrites en italique ne se prononcent pas.

I

Ma mè re se ra à la di è te tan*t* que sa fi è vre du re ra. Su i*s* le sa ge con seil que te do *n*ne ton a mi. U ne gre nou ille vit un bœuf qui lu i sem bla de bel le ta ille. No tre do mes ti que ex é cu te ra ponc tu el le men*t* l'or dre que vou*s* lui a vez do *n*né. La li o *n*ne dé fen*d* cou ra geu se men*t* ses pe ti*ts*. U ne é rup ti on du Vé su ve en se ve li*t* Pom pé i. La Po lo gne a pour ca pi ta le Varsovi*e*. Le Cal-va dos est un dé par te men*t* de la Fran ce. Cet te jeu ne per so *n*ne a *p*pren*d* la mu si que et le des sin.

LE MÊME

Non divisé en syllabes, et sans distinction de lettres nulles.

II

Ma mère sera à la diète tant que sa fièvre durera. Suis le sage conseil que te donne ton ami. Une grenouille vit un bœuf qui lui sembla de belle taille. Notre domestique exécutera ponctuellement l'ordre que vous lui avez donné. La lionne défend courageusement ses petits. Une éruption du Vésuve ensevelit Pompéi. La Pologne a pour capitale Varsovie. Le Calvados est un département de la France. Cette jeune personne apprend la musique et le dessin.

2e EXERCICE

I

Ce pré di ca teur pré pa rai*t* son dis cour*s* tout en se pro me nan*t* dan*s* le jar din. Un pha re est u ne tour sur la quel le on en tre ti en*t* de*s* feux a *l*lu mé*s* pour é clai re*r* le*s* vais seau*x*. Où la per sé vé ran ce man que, la ré u ssi te est dou teu se. Di eu sau va du dé lu ge No é et ses en fan*ts*. On a *pp*el le ami bie les a ni maux qui vi vent sur la ter re et ns les eaux. Il est dit, sur les co mman de ments e Di eu do nna à Mo ï se sur le mont Si na ï : ous ai me rez le Sei gneur vo tre Di eu, de tout tre cœur, de tou te vo tre â me, de tou tes vos ces. Le sa lai re est la ré tri bu ti on d'un tra va il nu el. Cha que jour a mè ne son pain. La ma de boi ra sa po ti on.

LE MÊME

II

Ce prédicateur préparait son discours tout en se pro- enant dans le jardin. Un phare est une tour sur la- elle on entretient des feux allumés pour éclairer les isseaux. Où la persévérance manque, la réussite est uteuse. Dieu sauva du déluge Noé et ses enfants. appelle amphibie les animaux qui vivent sur la rre et dans les eaux. Il est dit, sur les commande- ents que Dieu donna à Moïse sur le mont Sinaï : ous aimerez le Seigneur votre Dieu, de tout votre eur, de toute votre âme, de toutes vos forces. Le laire est la rétribution d'un travail manuel. Chaque ur amène son pain. La malade boira sa potion.

3e EXERCICE

Dieu est partou*t*, il voi*t* et enten*d* tou*t*.

I

Di eu est non seu le men*t* au ci el, sur la ter re, il est en co re dan*s* tou*s* le*s* lieu*x*. Nou*s* ne pouvon*s* donc ê tre dan*s* un en droi*t* où Di eu ne soi*t* pré sen*t*. Il voit et en ten*d* tou*t*. *A*in si, il nous est im po ssi ble de fai re quoi que ce soi*t* san*s* qu'il le sa che. Par tout où nous a *l*lons, il est a vec nou*s*; il nou*s* gui de, nou*s* con dui*t* tou jour*s* ver*s* le bi en. Nou*s* ne de von*s* donc ri en fai re qui pu i sse le fâ che*r*. Il nous a do *n*né la co *n*nai ssan ce pour fai re le bi en et pour é vi te*r* le mal. Si nous faison*s* le bi en, il nou*s* com ble ra de ses bon té*s*, co *m*me il nou*s* pu ni ra si nou*s* fai son*s* le mal. *A*in si, mes en fan*ts* n'en cou ron*s* pa*s* sa dis grâ ce; ne fai son*s* et ne sou hai ton*s* ja mai*s* le mal à nos sem bla ble*s*; car, en le leur sou hai tan*t*, nou*s* le sou hai tons à Di eu qui nou*s* a cré és à son image. Il en ten*d* tou*t*, il voit et co *n*naî*t* jus qu'à nos pen sé *es* le*s* plu*s* se crè te*s* (1).

---

(1) **es**, prononcez ce son toujours **ès**; excepté lorsqu'il se trouve à la fin d'un mot composé de plus de trois lettres; alors prononcez-le **e**, exemple : **Fêtes, voûtes, sources**, etc.

LE MÊME

Dieu est partout, il voit et entend tout.

II

Dieu est non-seulement au ciel, sur la terre, il est encore dans tous les lieux. Nous ne pouvons donc être dans un endroit où Dieu ne soit présent. Il voit et il entend tout. Ainsi, il nous est impossible de faire quoi que ce soit sans qu'il le sache. Partout où nous allons, il est avec nous; il nous guide, nous conduit toujours vers le bien. Nous ne devons donc rien faire qui puisse le fâcher. Il nous a donné la connaissance pour faire le bien et pour éviter le mal. Si nous faisons le bien, il nous comblera de ses bontés, comme il nous punira si nous faisons le mal. Ainsi, mes enfants, n'encourons pas sa disgrâce; ne faisons et ne souhaitons jamais le mal à nos semblables; car, en le leur souhaitant, nous le souhaitons à Dieu qui nous a créés à son image. Il entend tout, il voit et connaît jusqu'à nos pensées les plus secrètes.

Sincérité d'un jeune enfant.

I

S'il vous arrive parfois, mes enfants, de mentir pour

éviter une juste punition de la faute que vous avez commise, ne cherchez plus à le faire, car le mensonge est le vice le plus odieux. Ecoutez ce que je vais vous dire à ce sujet, et tâchez d'en suivre l'exemple.

Un jeune et charmant enfant, nommé Pierre, cassa un verre qu'il tenait entre ses mains. Pour échapper aux remontrances de sa mère et lui laisser ignorer son dégât, il eut la pensée d'en ramasser les morceaux et de les faire disparaître. Comme l'enfant avait horreur du mensonge, il ne put s'empêcher d'avouer sa faute, persuadé, d'ailleurs, que s'il mentait à sa mère, il ne pouvait mentir à Celui qui voit tout.

II

Lorsque sa mère entra, elle vit son enfant triste et lui en demanda la cause. Ma mère, répondit le naïf enfant, j'ai, par mon étourderie, laissé tomber un verre que j'avais entre les mains, et dans sa chute, il a été brisé. Je n'ai pas voulu vous nier cette action blâmable, car je sais que le mensonge serait pire que la faute. J'ai mieux aimé vous l'avouer franchement, espérant, chère maman, que vous me la pardonnerez.

La tendre mère, touchée de ce sincère aveu, serra son fils dans ses bras et lui dit : Viens, mon enfant, je ne te ferai pas de reproches, puisque, au lieu d'avoir ecours au mensonge, tu as avoué sincèrement ta faute. Il est juste, quelquefois, qu'on oublie le tort de celui ui dit la vérité, mais non de celui qui, par certains ratagèmes, cherche à la déguiser.

La Douleur et l'Ennui.

Mourant de faim, un pauvre se plaignait ;
Rassasié de tout, un riche s'ennuyait.
Qui, des deux, souffrait davantage?
Ecoutez sur ce point la maxime du sage :
De la douleur et de l'ennui
Connaissez bien la différence :
L'ennui ne laisse plus de désirs après lui,
Mais la douleur près d'elle a toujours l'espérance.

H.

La patience et l'éducation corrigent bien des défauts.

Une ourse avait un petit ours qui venait de naître. l était horriblement laid. On ne connaissait en lui aucune figure d'animal : c'était une masse informe et iideuse. L'ourse, toute honteuse d'avoir un tel fils, va rouver sa voisine la corneille, qui faisait grand bruit par son caquet sous un arbre. Que ferais-je, lui dit-elle, ma bonne commère, de ce monstre? j'ai envie de l'étrangler. Gardez-vous-en bien, dit la causeuse : j'ai vu d'autres ourses dans le même embarras que vous. Allez, léchez doucement votre fils, il sera bientôt joli, mignon et propre à vous faire honneur. La mère crut facilement ce qu'on lui disait en faveur de son fils. Elle eut la patience de le lécher longtemps. Enfin, il commença de devenir moins difforme, et elle alla remercier la corneille en ces termes : Si vous n'eussiez modéré mon impatience, j'aurais cruellement déchiré mon fils, qui fait maintenant tout le plaisir de ma vie.

Oh ! que l'impatience empêche de biens et cause de maux ! FÉNELON.

L'ange gardien.

Veillez sur moi quand je m'éveille,
Bon ange ! puisque Dieu l'a dit ;
Et chaque nuit, quand je sommeille,
Penchez-vous sur mon petit lit.
Ayez pitié de ma faiblesse,
A mes côtés marchez sans cesse,
Parlez-moi le long du chemin ;
Et pendant que je vous écoute,
De peur que je ne tombe en route,
Bon ange, donnez-moi la main.

Mme de T.

La jeunesse est l'âge du travail.

Le travail ne nous procure pas seulement les moyens d'existence, il entretient la santé et développe l'intelligence. En effet, qui n'a rien fait ne sait rien. Le travail donne au plus simple des ressources que la plus haute intelligence n'atteindrait pas sans la pratique. Ce sont les sots qui disent que l'âge de la jeunesse est fait pour que l'on s'amuse. Le jeune âge est fait pour qu'on y prenne des habitudes qui puissent être utiles tout le reste de la vie. Il ne faut pas croire que le bonheur soit incompatible avec le bon emploi de la jeunesse; bien au contraire, les jeunes gens dont la vie est un mélange d'occupations et de plaisirs simples, ont, en somme, plus de jouissances que les jeunes gens dissipés. C'est le travail qui nous fait surtout goûter les délassements.

Le Buisson.

Pourquoi faut-il qu'on me rejette?
Disait un buisson dans un coin;
Pourquoi faut-il que je végète,
Sans obtenir le moindre soin?
Qu'on me cultive et qu'on m'arrose:
Et l'on me verra, cet été,

En éclat surpasser la rose
Et la prune en fécondité.

Séduit par ce ton hypocrite,
Le jardinier, un beau matin,
Plante le buisson parasite
Au beau milieu de son jardin.
Au lieu des prés et des quinconces,
Couverts de leurs rameaux touffus,
L'œil n'aperçoit plus que des ronces :
Les fruits, les fleurs sont disparus.

Voilà donc le fruit de mes peines !...
Se dit Thomas en sanglotant.
Sur des promesses aussi vaines,
J'ai pu compter un seul instant !
Ah ! quoique le Ciel m'en punisse,
De mon sort je ne me plains pas.....

A des méchants rendez service,
Vous n'en ferez que des ingrats.

L.

Préceptes et Maximes.

Faites aux autres ce que vous voudriez qu'on vous fît. Respectons la vieillesse, cédons-lui la place, et ne refusons jamais l'honneur qui est dû à cet âge vénérable. Le remède le plus efficace pour guérir l'ennui, c'est le travail. Les personnes économes ont moins de besoins que les autres. Il vaut mieux se priver que d'emprunter, car l'homme qui contracte des dettes fera difficilement fortune. Voulez-vous devenir riche? sachez vous passer de ce dont vous n'avez pas besoin. Conduisez-vous toujours en honnête homme, et vous ne craindrez point ni les médisants ni les calomniateurs. On se repent souvent d'avoir trop parlé, et jamais de s'être tu. L'ignorance est une des plus grandes infirmités de l'espèce humaine. Les suites de ce défaut sont d'une extrême gravité : l'oisiveté en est le premier fruit, et de l'oisiveté naissent tous les vices. Corrigez-vous des petites fautes, car si vous les répétiez trop souvent, vous finiriez par en prendre l'habitude et par en faire de plus grandes.

Le Paon et le Coq.

Pour la première fois, dans une basse-cour
De volaille en tout genre abondamment peuplée,
Un paon s'introduisit un jour.
Le voilà qu'il déploie et cache tour-à-tour
Les brillantes couleurs de sa queue étoilée.
« Bel oiseau de Junon, lui dit le coq alors,

Pourquoi de ton divin plumage
Nous voiler parfois les trésors ?
A ta rare beauté nous rendons tout hommage
Sans en paraître humiliés. »
« Je suis, répond le paon, fier d'un pareil suffrage,
Mais je deviens modeste en songeant à mes pieds. »

Quels que soient les talents dont la faveur céleste
Ait daigné composer ton lot,
Loin de t'en prévaloir, ô mortel, sois modeste :
L'être le plus parfait n'a-t-il pas son défaut ?

Le Cheval et le Taureau.

Un cheval vigoureux monté par un enfant
Semblait s'en amuser au milieu d'une plaine,
Tantôt effleurant l'herbe à peine,
Tantôt sautant, caracolant.
— Quoi ! lui dit un taureau, mugissant de colère,
Un écuyer pareil te gouverne à son gré ?
Comment n'en es-tu pas outré ?
Va, fais-lui mordre la poussière.
— Moi ! répond le noble coursier,
Ce serait là vraiment un bel exploit de guerre !
Aurais-je à me glorifier
De jeter un enfant par terre ?

Préceptes et Maximes.

Si vous avez le bonheur de trouver un ami fidèle, egardez-le comme le plus précieux de tous les trésors. l vaut mieux pour un jeune homme garder le silence, ue de parler iuconsidérément. Le grand malheur pour es parents est qu'ils désirent pour leurs enfants les ri- hesses et les honneurs; il vaudrait beaucoup mieux u'ils demandassent pour eux la sagesse et la science. Jn jeune homme qui trompe les espérances de ses pa- ents, ne diffère point du débiteur qui fait banqueroute à es créanciers. Ne demandez pas à votre ami l'argent que ous lui aurez prêté : regardez-vous comme son débi- eur, parce qu'il vous a fourni l'occasion de l'obliger. Celui qui, par l'appât du gain, trahit les projets qu'on ui a confiés, en perdant la réputation d'homme de bien, erd plus qu'il ne gagne en recevant le salaire de sa erfidie.

La Renoncule et l'Œillet.

La renoncule un jour dans un bouquet
  Avec l'œillet se trouva réunie;
Elle eut le lendemain le parfum de l'œillet.
On ne peut que gagner en bonne compagnie.

FIN.

Toulouse. — Imp. L. Hébrail, Durand et Comp.

TABLE DE MULTIPLICATION

2 fois 2 font 4
2 — 3 — 6
2 — 4 — 8
2 — 5 — 10
2 — 6 — 12
2 — 7 — 14
2 — 8 — 16
2 — 9 — 18
2 — 10 — 20
2 — 11 — 22
2 — 12 — 24

3 fois 3 font 9
3 — 4 — 12
3 — 5 — 15
3 — 6 — 18
3 — 7 — 21
3 — 8 — 24
3 — 9 — 27
3 — 10 — 30
3 — 11 — 33
3 — 12 — 36

4 fois 4 font [illegible]
4 — 5 — 20
4 — 6 — 24
4 — 7 — 28
4 — 8 — 32
4 — 9 — 36
4 — 10 — 40
4 — 11 — 44
4 — 12 — 48

5 fois 5 font 25
5 — 6 — 30
5 — 7 — 35
5 — 8 — 40
5 — 9 — 45
5 — 10 — 50
5 — 11 — 55
5 — 12 — 60

6 fois 6 font 36
6 — 7 — 42
6 — 8 — 48
6 — 9 — 54
6 — 10 — 60
6 — 11 — 66
6 — 12 — 72

7 fois 7 font 49
7 — 8 — 56
7 — 9 — 63
7 — 10 — [illegible]
7 — 11 — [illegible]
7 — 12 — 84

8 fois 8 font 64
8 — 9 — [illegible]
8 — 10 — 80
8 — 11 — 88
8 — 12 — 96

9 fois 9 font 81
9 — 10 — 90
9 — 11 — 99
9 — 12 — 108

10 fois 10 font 100
10 — 11 — 110
10 — 12 — 120

11 fois 11 font 121
11 — 12 — 132

12 fois 12 font 144

Toulouse — Imp. L. Hébrail, Durand et Comp.

www.ingramcontent.com/pod-product-compliance
Ingram Content Group UK Ltd.
Pitfield, Milton Keynes, MK11 3LW, UK
UKHW012121240726
13965UKWH00005B/1890

9 782013 093989